Richter • Krüger

SACHSEN

Frank Richter • Andrea Krüger

SACHSEN

rosenheimer

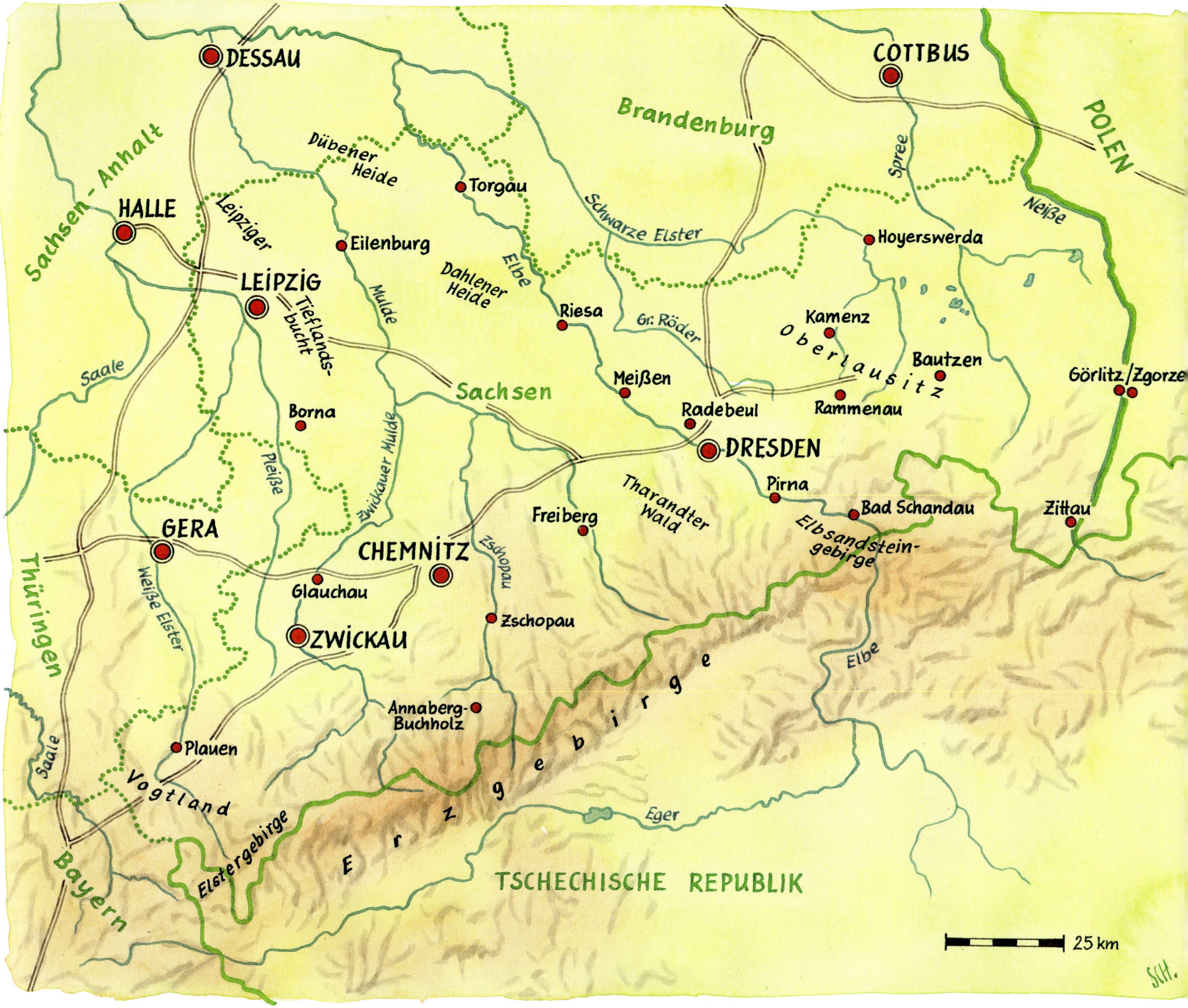
DESSAU
COTTBUS
Brandenburg
POLEN
Sachsen-Anhalt
Dübener Heide
Torgau
Spree
Neiße
HALLE
Leipziger Tieflandsbucht
Eilenburg
Schwarze Elster
Hoyerswerda
LEIPZIG
Mulde
Dahlener Heide
Elbe
Riesa
Gr. Röder
Kamenz
Oberlausitz
Bautzen
Görlitz/Zgorzelec
Saale
Sachsen
Meißen
Radebeul
Rammenau
Borna
Zwickauer Mulde
DRESDEN
Pleiße
Tharandter Wald
Pirna
Bad Schandau
Freiberg
Zittau
GERA
Elbsandsteingebirge
CHEMNITZ
Zschopau
Thüringen
Weiße Elster
Glauchau
Zschopau
ZWICKAU
Elbe
Annaberg-Buchholz
Erzgebirge
Plauen
Saale
Vogtland
Eger
Elstergebirge
Bayern
TSCHECHISCHE REPUBLIK
25 km
SCH.

Inhalt

Opernrestaurant

Dresden und Umgebung
Die Wiedergeburt von Elbflorenz

»Wer das Weinen verlernt hat, der lernt es wieder beim Untergang von Dresden.« Der Dichter Gerhart Hauptmann hatte sich im hohen Alter aufgemacht, seine geliebte Stadt noch einmal zu sehen. Er erlebte ihre Zerstörung innerhalb von wenigen Stunden. Britische und amerikanische Bomber machten die berühmte Residenz der sächsischen Könige in der Nacht vom 13. zum 14. Februar 1945 dem Erdboden gleich.

Zwei Tage brannte die Stadt. Dabei hatten die Dresdner fest daran geglaubt, dass ihr »Elbflorenz« verschont bliebe. Mit den Schlössern, Gärten und Brücken versank auch die Frauenkirche, eines der Wahrzeichen der Stadt, in Schutt und Asche. Ihre glockenförmige Riesenkuppel war eine Meisterleistung George Bährs. Er hatte sie aus Stein gebaut und nicht, wie damals üblich, aus Holz. Viele Stürme hatte das Gewölbe schon überstanden. Doch am Tag nach dem Angriff stürzte es nach stundenlangem Brand wie ein glutroter Feuerball in sich zusammen. Die Dresdner haben den Tag des Angriffs nicht vergessen. In jedem Jahr läuten zu der Zeit, als jene Bombennacht begann, nämlich um 21.45 Uhr, alle Kirchenglocken der Stadt eine viertel Stunde lang. Wie Narben durchziehen die tiefen Brandwunden dieser Nacht die Stadt, und sie werden wohl noch lange schmerzen.

Jahrzehntelang reckten sich die Trümmer der Frauenkirche anklagend in den Himmel. Seit 1993 hat man das einstige Wahrzeichen des protestantischen Dresden originalgetreu wiederaufgebaut – ermöglicht wurde das durch Spenden in Millionenhöhe aus ganz Deutschland, Europa und Übersee. Denn die alten Baupläne hatten die Bombennacht überlebt.

800 Jahre Stadtgeschichte konnte Dresden im Jahr 2006 feiern. Zu dieser Zeit vervollständigte schon wieder die Kuppel der im Jahr zuvor fertiggestellen Frauenkirche die Silhouette der heutigen Landeshauptstadt Sachsens. Auch die Wiederherstellung des zerstörten Residenzschlosses von August dem Starken schreitet voran. Der einstige Landesvater (1670 bis 1733) verwandelte die von Mauern und Wällen umschlossene Kleinstadt in eine fürstliche Barockresidenz von europäischer Bedeutung. Seine Sammelleidenschaft, seine Vorliebe für schöne Frauen, Musik, Wein und rauschende Feste erforderten einen prunkvollen Rahmen. Der Kurfürst ließ ein Ensemble vielfältigster barocker Bau- und Kunstdenkmäler errichten. Sein Sohn Friedrich August II. vollendete das Werk.

Semperoper und Augustusbrücke, die katholische Hofkirche, das als Luxushotel wieder eröffnete Taschenbergpalais, der Fürstenzug – auf dem die Herrscher der Wettiner von 24 000 Meißner Porzellankacheln auf den Betrachter niederschauen – all die Prachtbauten aus verschiedenen Jahrhunderten liegen dicht beieinander. Der Dresdner Zwinger, nicht weit vom Residenzschloss entfernt, gilt als eines der bedeutendsten Zeugnisse barocker deutscher Baukunst. Mit seinen Pavillons, Orangerien, Wasserspielen und vielen kleinen Verzierungen und Putten diente die prachtvolle Anlage einst als Kulisse für rauschende Feste. Das Treiben des Kurfürsten und seines Hofes verfehlte auch über die sächsischen Grenzen hinweg nicht seine Wirkung. Sehr zur Freude von August dem Starken. Der ehrgeizige Herrscher wollte sich und Dresden im Mittelpunkt des Machtgeschehens wissen. Bis Anfang des 20. Jahrhunderts war die Stadt Anziehungspunkt für viele Künstler. Carl Maria von Weber wurde Kapellmeister der Hofoper. Robert Schumann und Richard Wagner lebten und arbeiteten in der Stadt.

Die herrliche Lage Dresdens im Elbtalkessel inspirierte viele berühmte Maler. Bernardo Bellotto, genannt Canaletto, hatte als Hofmaler dem Kurfürsten monatlich ein Bild abzuliefern. Einige davon sind in der Gemäldegalerie Alte Meister, einer der bedeutendsten Kunstsammlungen der Welt, zu bewundern. Als Musik- und Kunststadt genießt Dresden noch heute einen internationalen Ruf. Mit dem Kreuzchor besitzt die Stadt einen der ältesten Knabenchöre der Welt, der in der Kreuzkirche sein Domizil hat. August der Starke liebte den Prunk und begründete eine Sammlung von Gefäßen, Schmuck und Plastiken aus Gold, Silber, Edelsteinen und Elfenbein. Seine Kollektion errang Weltgeltung; sie befindet sich im Grünen Gewölbe.

Romantisch ist ein abendlicher Spaziergang durch die Altstadt Dresdens. Im Licht der alten Straßenlaternen fällt es leicht sich in frühere Zeiten hineinzuversetzen, als die Dresdnerinnen in ihren Reifröcken vorbeirauschten und die Herren noch weiß gepuderte Perücken trugen. Aber auch für den heutigen Spaziergänger ist es ein Erlebnis, die breite Freitreppe zur Brühlschen Terrasse hinaufzugehen, um vom »Balkon Europas« die wunderschöne Aussicht weit über das Elbtal zu genießen: von den Weinberghängen der Lössnitz bis hin zu den Loschwitzer Höhen mit den romantischen Elbschlössern.
Früher war dieser Ausblick nur den Adligen erlaubt. An einem lauen Sommerabend soll August der Starke seine Kraft bewiesen haben, indem er mit seinem Daumen einen Abdruck in das gusseiserne Geländer der Terrasse drückte. So erzählt es die Legende. Allerdings wurde die Umzäunung erst 10 Jahre nach seinem Tod angebracht. Ein Abdruck ist dennoch vorhanden. Man muss ihn nur aufmerksam suchen. Unterhalb der Terrasse fahren die Dampfschiffe elbaufwärts bis zum Lustschloss Pillnitz. An seiner Freitreppe, die bis zur Elbe hinunterführt, legten schon die Gondeln der Kurfürsten an. In den Sommermonaten verlegten die Wettiner ihre Residenz hierher. Im Schlosspark mit dem Irrgarten und den versteckten Winkeln genoss Augusts Mätresse, die Gräfin Cosel, die untergehende Abendsonne. Und noch heute ist die Luft an warmen Sommerabenden von lieblichen Klängen erfüllt, wenn Musiker zum Zuhören und zum Träumen einladen. Selbst die berühmte Kamelie von der Größe einer Linde hat die Zeitläufte überlebt.
Ursprünglich wollte der Kurfürst seine eigene Welt im Stil des Barock schaffen. Von seinen ehrgeizigen Plänen, entlang der Elbe Schlösser um Dresden anzuordnen wie Planeten um die Sonne, verwirklichte er bis zu seinem Tod neben Pillnitz nur noch das Jagdschloss Moritzburg und einige kleinere Bauten.
Im Barockgarten Großsedlitz zum Beispiel reichten die Kräfte für einen monumentalen Schlossbau nicht mehr aus. Seinen Ruhm verdankt die französische Gartenanlage vor allem den zahlreichen Skulpturen.
Das Fluidum von damals wollen die zeitgenössischen Dresdner mit dem Lebensgefühl von heute verbinden. Dresden soll wieder das werden, was es einmal war: ein Zentrum von Kultur, Kunst und Wissenschaft.

Das letzte und größte Werk des sächsischen Orgelbaumeisters Gottfried Silbermann (1683–1753) schuf er für die Katholische Hofkirche. Durch ihre Auslagerung (1944) entging die Orgel der Zerstörung.
Seite 6: Der Theaterplatz mit Schloss, Katholischer Hofkirche, Gemäldegalerie und Gottfried Sempers Opernhaus galt vor der Zerstörung im Zweiten Weltkrieg als einer der schönsten Plätze Deutschlands.
nachfolgende Doppelseite: Noch heute feiert man überschwenglich den Dresdner Zwinger und seinen berühmten Baumeister Matthäus Daniel Pöppelmann (1662–1736).

1892 wurde das bald weithin berühmte Ladengeschäft mit Trinkhalle eröffnet: Pfunds Milchladen, der um 1910 als »schönster Milchladen der Welt« gepriesen wurde. Die historischen Kacheln der Firma Villeroy & Boch haben nach umfangreicher Restaurierung ihren alten Glanz zurückerhalten.
vorhergehende Doppelseite: Der Blick vom Turm der Kreuzkirche führt uns das ganze Dilemma des heutigen Dresden vor Augen. Die Pracht von »Elbflorenz« ist unwiederbringlich dahin. Viele Dresdner warten sehnsüchtig auf den Tag, da die berühmte Steinerne Glocke der Frauenkirche wieder über ihrer Stadt thront.

oben: Vom Pillnitzer Wasserpalais führt eine elegante Freitreppe hinunter zur Elbe.
unten: Die symmetrische Gartenanlage in Großsedlitz, vor den Toren Dresdens gelegen, sollte mit Schloss und Orangerien ein weiterer Festplatz August des Starken werden, blieb aber unvollendet.
linke Seite: Die Pillnitzer Schlossbauten wurden vom damaligen Zeitgeschmack, der vom chinesischen Stil beeinflusst war, maßgeblich geprägt.
Seite 15: Die königliche Sommerresidenz in Pillnitz mit Lustschloss und Parkanlage ist besonders reizvoll.

oben: Die Burg Stolpen wurde weniger als frühmittelalterliche Grenzfestung (zu Böhmen) berühmt, als vielmehr durch Gräfin Cosel, eine in Ungnade gefallene Mätresse August des Starken, die hier nach 49 Jahren Haft starb.
unten: Das Barockschloss Rammenau und der Landschaftspark im englischen Stil nordöstlich von Dresden gelegen, zeugen vom Willen der Dresdner Hofgesellschaft, den repräsentationsfreudigen Kurfürsten nachzueifern.

Wenige Kilometer nördlich von Dresden liegt inmitten eines großen Teiches das vierflügelige Barockschloss Moritzburg mit seinen markanten Ecktürmen. Zu besichtigen sind z. B. Prunkräume mit chinesischem, japanischem und Meißner Porzellan.

Elbtal

Entlang der sächsischen Weinstraße

Feierabend: Die letzten Gäste sind gegangen. Winzer Ullrich lehnt sich zurück und gönnt sich zum Abschluss des Tages ein Glas Goldriesling. Die sehr alte Sorte wird nur im Meißner Land entlang der Sächsischen Weinstraße wieder angebaut. Für lange Zeit war diese Traubensorte in Vergessenheit geraten.

Der Winzer hält das Glas gegen das Kerzenlicht, zieht das Buket genießerisch ein und nimmt dann geräuschvoll einen Schluck. Der Kenner ist zufrieden mit diesem Jahrgang. Er liebt den Meißner Wein wegen seines Geschmacks, des Sortenbukets, den Eigenheiten der Säure.

Das kontinentale Klima mit seinen warmen Sommern und kalten Wintern verleiht dem überwiegend trockenen Wein eine besondere Spritzigkeit und Würze. Etwa 2000 Winzer bauen ihn auf nur 320 Hektar terrassierten Hängen an. Meist bewirtschaften sie nicht mehr als 200 Rebstöcke. Kein Wunder, dass die Weinbauern die geringen Ernteerträge meist selbst verbrauchen. Die Arbeit auf den Terrassen ist mühsam und macht den Wein wertvoll. Jeder Tropfen Wein ist aus einem Tropfen Schweiß entstanden, sagen die sächsischen Winzer. Die Sonnenstube Sachsens nennt man das Weinanbaugebiet an der Elbe. Vor mehr als 800 Jahren, mit dem Beginn der Christianisierung, pflanzten Mönche hier die ersten Rebstöcke.

Den Wettinern war das Erbe der Kirchenmänner heilig. August der Starke unterbrach sogar seinen Krieg gegen die Schweden, um die Soldaten zur Ernte in ihren Weinberg nach Hause zu holen. Schließlich erfreute der Rebensaft nicht nur den Gaumen. Sein Verkauf füllte außerdem die stets leere Staatskasse. Schon Vater August stellte Ende des 16. Jahrhunderts den Weinanbau unter Schutz und gestattete allen Winzern: »Wer über genügend Weinwuchs verfügt, kann ihn in Kannen und Kännchen zum Ausschank bringen.«

Entlang der Weinstraße von Diesbar-Seußlitz über Dresden und Pillnitz bis nach Pirna laden noch heute viele Winzer in ihre Stuben zu Riesling, Traminer oder Müller-Thurgau ein.

Sächsischen Wein muss man in Sachsen trinken. Zum einen, weil er anderswo schwer zu finden ist, zum anderen, weil das Auge Rebensaft und Landschaft mitgenießt. Es darf sich satt sehen an den terrassierten Weinbergen, die sich durch das malerische Elbtal ziehen mit seinen Weingehöften, Bruchsteinmauern und kleinen Winkeln mit Bänken, mit den alten Schaufelraddampfern auf dem Strom und dem kleinen »Lössnitzdackel«, der Schmalspurbahn, die von Radebeul durch die Lössnitz bis nach Radeburg dampft.

Die Anfänge des sächsischen Weinbaus liegen in Meißen, der einstigen Hauptstadt Sachsens. Erst als die Wettiner ihre Residenz in das kleine Fischerdörfchen Dresden verlegten, hatten die Bürger von Meißen das Nachsehen. Es blieb ein mittelalterliches Fachwerkstädtchen mit dem wahrscheinlich ältesten Weinberg Sachsens, dem Mariaberg. Heute haben allerdings die Kleingärtner die Rebstöcke fast verdrängt.

Bekannt geworden ist Meißen jedoch nicht durch seinen Wein, sondern durch das Porzellan. Eigentlich hatte August der Starke seinen Alchimisten Johann Friedrich Böttger beauftragt, Gold herzustellen, um seinen aufwendigen Lebensstil finanzieren zu können. Darin blieb Böttger zwar erfolglos, aber er schuf 1709 weißes Porzellan, das härter war als die berühmte dünnwandige Keramik der Chinesen und Japaner. August erkannte sofort, dass sich diese Entdeckung schnell in klingende Münze umwandeln ließ. Das Meißner Porzellan mit

den gekreuzten blauen Schwertern als Erkennungsmerkmal trat seinen Siegeszug an. Bereits ein Jahr später leitete Böttger die Porzellan-Manufaktur in der Albrechtsburg.
1863 zog das Porzellanwerk in die Stadt. In einer Vorführwerkstatt ist die aufwendige Herstellung des Meißner Porzellans bei Drehern, Boussierern und Malern sehr gut nachzuvollziehen. Heute werden ab und zu in der Manufaktur Figuren und Geschirr aus den letzten Jahrhunderten nachgearbeitet. Im Gipsformarchiv ruhen die Original-Vorlagen für alle seit dem Jahr 1710 hergestellten Porzellanformen.
Kostbarkeiten ganz anderer Art hat die nördlichste Kreisstadt Sachsens, hinter der die Elbe das Land verlässt, zu bieten. Torgau, eingebettet in die weite Auenlandschaft, spielte in jeder geschichtlichen Epoche eine andere Rolle: als slawischer Marktflecken, kursächsische Residenz, Amme der Reformation, napoleonisches Heerlager, Brückenkopf und Festungsstadt und schließlich als preußische Garnisons- und Beamtenstadt. Die verschiedenen Markenzeichen prägen den über 1000 Jahre alten Ort. Torgau wurde 973 erstmalig urkundlich erwähnt und gehört zu den schönsten Renaissancestädten Deutschlands. Vollständig erhalten blieb das bedeutendste Zeugnis der Frührenaissance – das Schloss Hartenfels.
Es ist nicht nur der berühmte freitragende Wendelstein im Schlosshof, sondern es sind auch die vielen Details der bildhauerischen Dekorationen an den Laufgängen, Loggien, am Wendelstein und am schönen Erker, deren künstlerische Entwürfe zu Teilen Lucas Cranach dem Älteren zugeschrieben werden. Die Schlosskirche, am 5. Oktober 1544 von Martin Luther als erster protestantischer Sakralbau geweiht, zeigt in schlichter Schönheit das Anliegen protestantischen Gedankengutes, in dem man sich vom katholischen Hang zum prachtvollen Schmuck abgrenzt – Chor und Altar verlieren ihre beherrschende Stellung, die Kanzel wird

somit zum wesentlichen Bestandteil des Kirchenschiffes.
Im Schloss wurde am 13. April 1627 die erste deutschsprachige Oper uraufgeführt. Die Partitur der von Heinrich Schütz geschriebenen Oper »Daphne« ging jedoch verloren.
Vom Schloss Hartenfels aus zieht sich der Blick über die weite Elbaue. Unterhalb der Anlage machte die Begegnung von Vorausabteilungen der amerikanischen und sowjetischen Truppen am 25. April 1945 Torgau weltberühmt. Eigentlich standen sie sich schon am Vortag in dem einige Kilometer flussaufwärts gelegenen Strehla gegenüber. Aber Torgau bot mit der gesprengten Straßenbrücke im Vordergrund und den Rauchschwaden eines brennenden Tanklagers im Hintergrund eine eindrucksvollere Kulisse. Vielleicht ist diese kleine geschichtliche Korrektur der Grund dafür, dass sich das zur Erinnerung an diesen Tag errichtete Denkmal recht bescheiden ausnimmt, im Vergleich zu vielen anderen Ehrenmalen. In den Straßen von Torgau finden sich feine Elemente einer alten Architektur wieder: Hauserker, Hausportale aus Sandstein mit Sitznischen, Hauszeichen und die steilen gotischen Giebel.
Zu den Überbleibseln aus der Torgauer Festungszeit gehört nicht nur der grüne Ring um die Stadt, das Glacis. Das nach dem 1889 unter preußischer Verwaltung begonnene Schleifen der Festungsanlagen überlebten zwei Bauwerke: der Brückenkopf und das Fort Zinna. Sie symbolisieren beklemmende Zeiten der Geschichte Torgaus, denn sie dienten als Militärgefängnis, Internierungslager, Haftanstalt für politische Gefangene und als Zuchthaus.
Mit der preußischen Herrschaft konnten sich die Torgauer nie abfinden. Sie bezeichneten sich deshalb gern als »gemauste Sachsen«. Mausen ist auf sächsisch eine freundliche Umschreibung für Stehlen. Trotzdem erweist der Friedrichplatz im Zentrum der Stadt dem großen Preußenkönig auch heute noch seine Ehre.

An den Hängen vom Weingut Schloss Wackerbarth in Radebeul reifen Müller-Thurgau, Traminer oder Weißburgunder. Manchem erscheinen die Elbtalweine zu »sauer«, doch finden sie immer mehr Liebhaber.
vorhergehende Doppelseite: Erster Schnee im Oktober auf den Weinbergen am Pillnitzer Elbhang. Unten steht die kleine Weinbergkirche des berühmten Pöppelmann, die als evangelische Kirche (1723/27) im zu jener Zeit gerade wieder katholischen Sachsen errichtet wurde.
Seite 22/23: In einer großen Schleife umfließt die Elbe den Lilienstein im Elbsandsteingebirge.

In Meißen begann die Geschichte Sachsens. Otto der Große startete hier im Jahr 968 seine Ostexpansion. Heute ist die Kreisstadt berühmt durch das Meißner Porzellan, die Albrechtsburg und den Dom.
rechts: Der frühgotische Meißner Dom hat eine überwältigende Raumwirkung. Leicht und streng zugleich streben die schlanken Pfeiler hinauf zum hohen Gewölbe. Hinter dem Lettner im Chor befinden sich die berühmten Stifterfiguren Kaiser Otto I. und Kaiserin Adelheid.

139
779
139 4

Das Schroffe des Elbtales liegt weit hinter uns. Die Hänge bei Diesbar-Seußlitz sind sanft und üppig bewachsen. Der kleine Winzerort ist berühmt wegen seines Weines und des alljährlich stattfindenden Heiratsmarktes.

Seite 26: Das alte Weingut unter der Rysselkuppe bei Pillnitz an der Weinstraße – die Sächsische Weinstraße führt von Pirna über Dresden und Meißen nach Diesbar-Seußlitz.

links: Der berühmte Wendelstein im Schloss Hartenfels von Torgau gilt als großartige Architekturleistung der Renaissance. Heute ist der stark angegriffene Treppenturm akut gefährdet.
rechts: Im 16. und 17. Jahrhundert war Schloss Hartenfels die wichtigste Residenz der sächsischen Kurfürsten. Politisch hat Torgau immer eine besondere Rolle gespielt.

Sächsische Schweiz

Ausflug ins Gebirge

Bad Schandau am späten Vormittag. Touristen halten Ausschau nach einem Café. Sie wollen sich vor dem Aufstieg mit einem Stück des guten sächsischen Kuchens stärken. Geräuschvoll suchen die Metallspitzen ihrer Stöcke Halt auf dem Straßenpflaster. Die echten Wanderfreunde in Kniehosen, wollenen Wadenstrümpfen und festem Schuhwerk schreiten kräftig aus und lassen die Gastronomie links liegen. Ihr Proviant ist im Rucksack verstaut. Sie sind seit dem frühen Morgen unterwegs, dorthin, wo auch die anderen noch hin wollen: ins Elbsandsteingebirge. In diese wildromantische Landschaft, in der dunkler Wald und bizarrer Fels eine faszinierende Spannung herstellen.

Die kleine Straßenbahn schaukelt von Bad Schandau durch das Tal bis zur Endhaltestelle Lichtenhainer Wasserfall. Noch ein kräftiger Schritt über die Kirnitzsch, den kleinen Bach, und schon ist man in der Natur. Durch dunklen Fichtenwald hindurch geht es den Weg in leichter Anhöhe zu der zerklüfteten Felsenwelt, aus der Wind und Wetter im Laufe der Jahrhunderte die eigenartigsten Gebilde formten. Mal strecken sie ihre knorrigen Finger in den Himmel, mal wirken sie wie erstarrte Säulen, kleine schmale Tropfburgen oder wuchtige Klötze, die von einem Riesen kreuz und quer aufeinandergestapelt sein könnten.

Unterwegs im Gebirge verändert sich mit jedem Schritt das Panorama. Der Weg windet sich um die Felsen, dann öffnet sich der Wald plötzlich und gibt den Blick frei in enge tief eingeschnittene Täler, auf kleine Tafelberge. Die Felsblöcke und -wände sind mit dickem Moospolster überzogen. Der Aufstieg wird belohnt mit einem Blick tief hinunter auf die Elbe, die sich ihren Weg in die Felsen gegraben hat. Unterhalb der Bastei – dem beliebtesten Touristenziel – beschreibt sie einen großen Bogen. Hoch ragen Lilienstein und Königstein auf. In dem winzigen Elbgebirge befinden sich mehr als 1100 freistehende Felsen. Kein Wunder, dass die Sächsische Schweiz zu den größten Klettergebieten Deutschlands zählt.

Den Lilienstein bestieg August der Starke bereits 1708, nicht jedoch, bevor Steinmetze eigens für ihn Stufen in den Berg geschlagen hatten. Trotz dieser Bequemlichkeit hielt man diese Art Gipfelstürmerei damals für ein so kühnes Unternehmen, dass man dem beleibten Kurfürsten auf dem Lilienstein zum Andenken eine Säule setzte.

Damals galt das Elbsandsteingebirge als unbekanntes Wunderland. Das änderte sich gut hundert Jahre später, als die ersten Dampfschiffe – und etwas später die Eisenbahn – die Einwohner von Dresden billig und schnell in die Bergwelt brachten. Doch ein solcher Besuch wurde immer noch als ungemein gefährlich angesehen. Entsprechend sah die Ausrüstung für den Sonntagsausflug aus: Sie umfasste Fußeisen, Knotenstöcke, Laternen, Leitern, Seile und Lebensmittel – so, als reise man in gefährliche Wildnis. Dabei ragt der höchste Fels gerade mal ein paar hundert Meter hoch auf. Alte Reisebücher beschreiben das Elbgebirge als eine Mischung aus »entsetzlichen Tiefen, ... ehrwürdigen Ruinen, grässlichen Abgründen, toten Felspyramiden, die aus ungeheuren Tiefen ... heraufstarren, jähen Schlünden, bedenklichen Wegen, einer rohen, starrenden Natur.« Kein Wunder, dass sich die mutigen Besucher in den Felswänden verewigten.

Etwa zur gleichen Zeit entdeckte der Dichter Hans Christian Andersen die Landschaft. Verzückt schrieb er 1831 in sein Tagebuch: »Dort erhebt sich der Königstein und der Lilienstein hoch in den Wolkennebel hinein, aber sieh, dieser zerteilt sich! Sonnenstrahlen fallen auf den Pfaffenstein und die Kuppelberge. Der ganze Wolkenvorhang hebt sich, und in der blauen Ferne siehst du die böhmischen Rosenberge und den Geisingberg im Erzgebirge ... Die ganze Natur war mir eine große lyrische Dichtung in jedem möglichen Versmaß.«

Seinen Namen »Sächsische Schweiz« soll das Elbsandsteingebirge den Schweizer Malern Anton Graff und Adrian Zingg verdanken. Beide arbeiteten an der Kunstakademie Dresden und durchstreiften Ende des 18. Jahrhunderts mit Pinsel und Zeichenblock die pittoreske Gegend. Manches muss sie dabei an die Berge daheim erinnert und letztendlich dem Gebirge seinen klangvollen Namen gegeben haben: Sächsische Schweiz.

»Malerweg«, nannte man später die Route der Maler. Sie ist eine der schönsten von insgesamt 1200 Kilometern ausgewiesenen Wanderpfaden, jedoch nicht mehr durchgängig begehbar. Auf der Strecke von Dresden nach Schandau wanderten später auch Caspar David Friedrich und Ludwig Richter. Abstecher führten sie oft zur Festung Königstein. Für ihre Bewehrung wurden im 17. Jahrhundert zehn Geschütze gegossen, von denen jedes Rohr über drei Tonnen wiegt. Die »Faule Magd« gehört mit ihren 500 Jahren zu den ältesten noch erhaltenen europäischen Riesengeschützen. Die Festung war militärisch immer auf dem neuesten Stand und deshalb auch ein beliebtes Reiseziel für Staatsoberhäupter: Der russische Zar Peter I., die preußischen Könige Friedrich Wilhelm I. und Friedrich II. und auch Napoleon genossen hier die sächsische Gastfreundschaft.

Festungen und Burgen gehören zur Sächsischen Schweiz wie die Berge. Neben Königstein und Hohnstein erfreut sich auch die im Landkreis liegende Burg Stolpen größter Beliebtheit. Hierher ließ Kurfürst August am heiligen Abend des Jahres 1716 seine ehemalige Mätresse Anna Constantia von Brockdorff, die spätere Gräfin Cosel, bringen. Dem sächsischen Hof war sie zu ehrgeizig und intrigant geworden. Als sie begann, sich in die Staatsgeschäfte einzumischen, erlosch die Zuneigung des Kurfürsten. Insgesamt 49 Jahre musste Gräfin Cosel in Gefangenschaft verbringen, bis sie, fast 85-jährig, in ihrem Turm starb. Dort erinnert eine ständige Ausstellung an ihre Lebensgeschichte.

Lange bevor die Sächsische Schweiz Ausflugsziel adeliger und bürgerlicher Wanderer wurde, diente das Elbtal als Steinbruch. Bereits seit dem 13. Jahrhundert wurde das Gestein zu Palästen, Kirchen, Häusern, Grabplatten und Kanonenkugeln verarbeitet. Der hellgelbe Sandstein sieht gut aus, lässt sich leicht bearbeiten und ist deshalb bei den Steinmetzen beliebt.

Nicht nur in Dresden fand das Material Gefallen. Auch der Berliner Reichstag, das Brandenburger Tor sowie Teile des Hamburger Hafens bestehen aus sächsischem Sandstein. Den mussten die Steinbrecher in mühsamer Arbeit gewinnen. Sie unterhöhlten dafür eine Felswand so weit, bis der kompakte Sandsteinverband zusammenbrach. Die moderne Technik erlaubt in den fünf noch existierenden Steinbrüchen einen schonenderen Abbau. Die Spuren, die der Mensch jahrhundertelang ohne Rücksicht auf die Schönheit in die Elbwände gezogen hat, sind heute noch deutlich zu sehen.

rechts: Die 43 m hohe Felsnadel mit Namen Barbarine gilt als das Wahrzeichen der Sächsischen Schweiz.
oben: Nebelschleier machen die bizarren Sandsteinfelsen zur »romantischen Landschaft«.
unten: Die Felstürme der Affensteine sind seit rund hundert Jahren begehrte Ziele der Elbsandsteinkletterer.
linke Seite: Die steinerne Basteibrücke wurde 1851/52 mitten durch die wilde Felsenwelt der Basteifelsen gebaut und ermöglicht jedermann auf bequeme Weise ein beeindruckendes Landschaftserlebnis.
Seite 34/35: Zu Recht gilt die Aussicht von der Bastei als die berühmteste der Sächsischen Schweiz.

Die Dorfarchitektur der Oberlausitz ist vorwiegend durch die malerischen Umgebindehäuser geprägt. In Großschönau (*oben*) und vor allem in Großcunnersdorf (*unten*) sind noch heute viele dieser einmaligen Häuser in ihrer ursprünglichen Form erhalten.

Oberlausitz
Wo die Sorben zu Hause sind

Es ist Ostersonntag. Jurij trägt stolz sein Myrtenkränzchen. Es zeigt an, dass er zum ersten Mal an der Reiterprozession teilnehmen darf. Schon an den beiden Vortagen hat er sein Pferd geputzt und die Mähne gestriegelt. Nun trägt es zum Fest das Zaumzeug mit den weißen Muscheln am Lederriemen und die bestickte Schwanzschleife. So herausgeputzt scheint »Kito« genauso ungeduldig wie sein Reiter auf den Beginn des Umzugs zu warten.

Seit 1541 ziehen die Reiter an jedem Ostersonntag übers Land. Langsamen Schrittes, singend und betend. Die festlich gekleideten Männer hoch zu Ross tragen Kirchenfahnen und das Kreuz. Sie verkünden die frohe Botschaft von der Auferstehung Jesu Christi. Der Ritt um die Kirchen, über Feld und Landstraßen trägt für viele der katholischen Sorben aber auch noch Teile seiner ursprünglichen Bedeutung: Die heidnischen Vorfahren segneten damit die junge Saat. Acht Reiterzüge sind an diesem Tag in der Oberlausitz unterwegs. Nach altem Brauch dürfen sie sich nicht begegnen. Deshalb gehen sie nie von den seit Jahrhunderten benutzten Wegen ab.

Osterreiten und Eierverzieren gehören zu den bekanntesten der vielen Osterbräuche, die die Sorben über die Jahrhunderte erhalten haben. Mit der ihnen nachgesagten Hartnäckigkeit begegneten sie den Bemühungen quer durch alle Epochen, Kultur und Sprache der kleinen Minderheit zu zerstören. Erst zu DDR-Zeiten erlangten sie verfassungsmäßig garantierte Rechte. Die meisten der etwa 60 000 Sorben leben in Sachsen. Hier gehört die Zweisprachigkeit zum Alltag. Auf den Ortsschildern steht neben der deutschen auch die sorbische Bezeichnung. Die urwüchsige und etwas polternde Sprache mit dem rollenden »R« ähnelt dem Tschechischen.

Seit dem 12. Jahrhundert leben Sorben und Deutsche zusammen. Daraus hat sich eine besondere Bauweise entwickelt, nämlich die der alten Umgebindehäuser, bei denen sich der Blockhausbau der slawischen Urbevölkerung mit dem Fachwerkbau der deutschen Siedler miteinander vermischt. Eine Stützkonstruktion aus hölzernen Ständern und Kopfbändern, das Umgebinde, ist auf die Wohnstube im Erdgeschoss gestülpt. Darauf ruhen Obergeschoss und Dach. Etwa 5000 dieser reizvollen Häuser findet man heute noch – vor allem im Süden der Oberlausitz bis in die Gegend von Zittau, dem südöstlichsten Punkt Sachsens.

Die alte Handelsstadt gehört zum Sechsstädtebund. 1346 schlossen sich die Stadtväter mit denen von Bautzen, Görlitz, Kamenz, Lauban (heute Luban in der Republik Polen), Löbau und Zittau zusammen, um sich vor den räuberischen Rittern zu schützen und dem Adel politisch die Stirn zu bieten. Nach einer wechselvollen Geschichte waren die Spuren des Bundes 1868 verwischt. Seit 1991 nehmen die sechs Städte nach historischem Vorbild wieder vieles gemeinsam in Angriff, zum Beispiel in Kunst, Kultur und im Tourismus. Und da haben sie alle etwas zu bieten. Nicht zuletzt die unverwechselbare Umgebung mit den langen Bergrücken und lang gestreckten Tälern, mit grünen Wiesen und klaren Bächen. Von Zittau aus schnauft und prustet die Dampflok der kleinen Bimmelbahn durchs kleinste Gebirge Deutschlands. Station macht sie auch im Kurort Oybin mit seinem gleichnamigen Berg. Von dort aus hat man einen herrlichen Blick übers Land. Im Sommer kann man hier manchmal einen der Mönchszüge im Fackelschein miterleben. Aber das ist schon wieder eine andere Geschichte, denn die Sorben pflegen viele Bräuche.

Die kleine Bergkirche am Fuße des Oybin (1709) mit dem prachtvollen Rokokoaltar ist direkt auf den Felsen gebaut. Die Raumwirkung ist beeindruckend, wenn man hinunter zum Altar schreitet.

oben: Deutlich ist die Ständerbauweise (Umgebinde) des Untergeschosses zu erkennen.
links: Großschönau liegt im Tal der Mandau an der Grenze zur Tschechischen Republik.
rechts: Das »Reiterhaus« in Neusalza-Spremberg gilt als ältestes Haus der Oberlausitz (1660, Anbau 1800).

links: Rathaus Kamenz. Vor allem die Rathäuser der »Sechs Städte« zeugen vom einstigen Reichtum dieser Orte. In Kamenz wurde Lessing geboren.
rechts: Rathaus Löbau. Löbaus Blüte verging mit dem Niedergang des Sechsstädtebundes.
vorhergehende Doppelseite: Bautzen, einst Hauptstadt des Lausitzer Sechsstädtebundes spielte seit jeher eine wichtige Rolle in der Region. Die mittelalterliche Anlage mit den vielen Türmen prägt noch heute eindrucksvoll das Stadtbild.

links: In den achtziger Jahren sollte Zittau dem Braunkohleabbau weichen, denn Braunkohle lagert reichlich im Zittauer Becken. Langsam erblüht die Stadt wieder zu alter Schönheit.
rechts: Noch heute künden die alten, einst prachtvollen Bürger- und Handelshäuser vom vergangenen Reichtum der Stadt Görlitz. Nach ihrer Restaurierung wird sie wohl als eine der schönsten mittelalterlichen Städte Deutschlands gefeiert werden.

Das kleine sorbische Dorf Ralbitz hat einen bemerkenswerten Friedhof. Alljährlich nimmt hier die Prozession der Osterreiter nach Wittichenau ihren Anfang.

Ernst und feierlich sitzen die sorbischen Männer auf ihren geschmückten Pferden und singen jahrhundertealte Lieder von der Auferstehung Christi, wenn sie am frühen Ostermorgen zum Osterreiten aufbrechen. Weit über tausend Reiter sind an den verschiedenen Prozessionen beteiligt.
nachfolgende Doppelseite: Im Kromlauer Park (1850 angelegt) und schon zur Niederlausitz gehörend, spannt sich die berühmte Rakotzbrücke über einen künstlichen See und spiegelt den damaligen Zeitgeschmack gestalteter Landschaft wider.

Erzgebirge
Das ganze Jahr im Weihnachtsland

»Alles kommt vom Berg« – sagt man im Erzgebirge und meint damit, dass der Ursprung aller Entwicklung mit dem Bergbau zu tun hat. Das Erz gab dem Gebirge seinen Namen. Hier steht die Wiege der schmauchenden Räuchermännchen und grimmig dreinschauenden Nussknacker. Sie entstanden, als mit dem Versiegen der Erzadern bitterste Armut Einzug hielt in die kleinen Stuben. Viele Bergleute, vom Stollenausbau im Umgang mit Holz geübt, begannen um 1750 ihren kargen Lohn mit nützlichem hölzernen Hausgerät, später mit Spielzeug, aufzubessern.

Mit dem Winter zieht die längste Jahreszeit ins Erzgebirge ein. Er kommt früh und geht spät. Dann sind die Tage kurz und trübe, die Nächte lang und eisig. Sie brachten der Heimat der Erzgebirgler einst den Ruf als sächsisches Sibirien ein. Wenn der Sturm um die kleinen Häuser fegte und an den Fensterläden rüttelte, dann kuschelten sich früher die Kinder auf der Ofenbank aneinander und hörten den Geschichten zu, die bei der Heimarbeit erzählt wurden. Die Frauen hockten vor den walzenförmigen Kissen und klöppelten. Mit Ausdauer und Genauigkeit verknüpften und verschlangen sie die Fäden um hunderte von Nadeln zu komplizierten, filigranen Spitzen. Mit dieser Kunst trugen die Bergarbeiterfrauen bald ihren Teil zum Unterhalt der Familien bei.

Der Bergmann schnitzte an den Figuren der Krippen und Pyramiden. Oder er schuf aus dem Holz, was ihm lieb und teuer war: seine Frau als Engel. Bald verewigte er sich selbst, dann kamen Gestalten wie Förster, Hausierer und Waldarbeiter dazu. Den Figuren gab er Kerzen in die Hand und symbolisierte damit seine Sehnsucht nach dem Licht. Der helle Schein bedeutete für ihn gesunde Ausfahrt, Glück und Leben.

Die leuchtenden Bergmänner und Engel stellte die Hausfrau dem Heimkehrenden zum Erhellen des Weges ins Fenster des kleinen Hauses. Ihre Anzahl gab und gibt den Vorbeigehenden Auskunft darüber, wie viele Mädchen und Jungen unter einem Dach wohnen. Während der langen Winterabende wurden Geschichten erzählt und Lieder gesungen. Und spielte einer die Ziehharmonika dazu, dann empfanden sie diesen »Hutzenobend« als besonders schön.

Gemütlichkeit und Romantik dürfen nicht darüber hinwegtäuschen, dass die berühmten Holzfiguren und Spitzen aus bitterer Armut entstanden sind. Denn das Zeitalter der reichen Silber- und Erzvorkommen ging vor mehr als 200 Jahren zuende. Es begann im 12. Jahrhundert, als Fuhrleute auf der Durchfahrt vom Meißner Land nach Böhmen die ersten Silbererzadern in dieser rauhen Gegend mit ihren endlosen Fichtenwäldern entdeckten. Die Zeit der Blüte begann. Bergstädte wie Freiberg und Schneeberg entwickelten sich rasch zu bedeutenden Handelszentren. In Annaberg und Buchholz muss eine Atmosphäre geherrscht haben, die an die Aufbruchsstimmung in Goldgräberstädten erinnerte. Beim Ausheben von Fundamenten wurden Silberadern entdeckt. Um 1530 existierten hier 300 kleine Bergwerke. Annaberg war zu jener Zeit größer und bedeutender als Dresden und Leipzig.

Durch Zufall wurde 1992 direkt im Zentrum der Stadt ein fast 500 Jahre altes unberührtes Silberbergwerk entdeckt. Nach einem Kellereinbruch führten Probebohrungen im Hof des Erzgebirgsmuseums zu diesem Fund. In den engen zum Teil niedrigen Gängen mindestens 13 Meter unter der Erde sind die Spuren, die die Bergleute mit ihren Eisen im Gestein hinterließen, deutlich zu sehen. Zum Glück hatte die sowjetische

Wismut AG dieses Bergwerk nicht entdeckt. Bei der Suche nach Uranerz wurde im Erzgebirge in den fünfziger und sechziger Jahren alles auf den Kopf gestellt.
In den Silberstädten ist der einstige Reichtum bis auf den heutigen Tag sichtbar. Entlang der Silberstraße, die die Zentren des Bergbaus verbindet, geben Schaubergwerke, Erzwäschen und Schlagwerke Einblick in die mühevolle Arbeit der Bergleute. Auch die Bergparaden selbst, bei denen sie in ihrer Festkleidung durch die Orte ziehen, erfreuen sich größter Beliebtheit. Die Tradition der Festumzüge begründete August der Starke, der durch den Bergbau zu Reichtum kam.
Die Volkskunst des Erzgebirges wird heute als wichtiger Industriezweig gepflegt. Überall laden Schilder zum Einkaufen oder Zuschauen bei den Spielzeugmachern ein. In kleinen Familienbetrieben entstehen seit Generationen Figuren, Pyramiden und Schwibbögen, jene halbrunden verzierten Lichterbögen, die mittlerweile in ganz Deutschland zur Weihnachtszeit die Fenster schmücken. Bei so manchem hat mit dem Kauf eines Blumenmädchens oder Engels von einem der etwa 2000 Spielzeugmacher, die im Erzgebirge ihre Waren anbieten, eine große Sammelleidenschaft begonnen.
Weihnachtsland Erzgebirge – dieses Etikett hat sich die Region seit der Wende angeheftet, um Touristen anzuziehen. Und die kommen nun in Scharen; bepackt mit bunten Einkaufstüten, drängen sie sich in den engen Straßen. Auch im Sommer drehen sich in den kleinen Dörfchen unermüdlich die meterhohen Pyramiden. Im Zentrum des Weihnachtslandes, in Seiffen, beherrschen Holzwarengeschäfte inzwischen das Straßenbild.
Doch das Erzgebirge will mehr sein als das »Räuchermannl-Land«. Deshalb besinnt es sich auch auf sein größtes Kapital – die Natur. Das Grenzgebirge zieht sich mit seinen Wäldern wie ein grünes Band zwischen Sachsen und Böhmen entlang. Im Winter verwandelt sich die Gegend um Oberwiesenthal, der höchst gelegenen Stadt Deutschlands am Fuße des Fichtelberges in ein ideales Ski- und Rodelgebiet. Im Sommer sorgen Wanderungen abseits vom Alltagsstress für Ruhe und Erholung. Die Erzgebirgler möchten etwas tun gegen das Klischee vom kleinen Bergvolk, das seine Freizeit beim Heimatabend verbringt, jodelnd, klöppelnd, schnitzend. Die Region, zu DDR-Zeiten eines der beliebtesten Feriengebiete im deutschen Osten, sucht ein neues Image.
Der Ruf des Erzgebirges als Urlaubsland hat gelitten, denn große Waldschäden wurden durch die Kohlekraftwerke im benachbarten Böhmen verursacht. Allerorten ragen die Baumgerippe traurig in den Himmel. Neuanpflanzungen sollen Abhilfe schaffen.
1996 wurde der Naturpark Erzgebirge/Vogtland ausgewiesen. Über eine Länge von 120 Kilometern erstreckt er sich von Frauenstein im Erzgebirge bis Adorf im Vogtland. So wird die Landschaft südlich von Dresden und Chemnitz bis zum Fichtelberg geschützt.
Rührenderweise bemühten sich die Chemnitzer lange als Tor zum silbernen Erzgebirge zu gelten. Mit ihren beiden großen Schwestern konnte sich die drittgrößte Stadt Sachsens nie messen, da sie nicht an deren Bedeutung heranreichte. Dresden trug einmal den Beinamen Elbflorenz und Leipzig wurde Klein-Paris genannt. Chemnitz war schon immer durch die Industrie geprägt. 1799 wurde die erste Spinnmühle errichtet, später entstanden Spinnfabriken nach englischem Vorbild. Der Kattundruck machte die Stadt in der ganzen Welt berühmt. Mit der Textilindustrie entwickelte sich der Maschinenbau. Neben Spinnmaschinen wurden Lokomotiven, Autos und Motorräder hergestellt. So bestimmten vor allem die Fabrikschlote das Bild der Stadt. Die Erzgebirgler, die von den Vorbergen auf das rauchschwelende, dunstgraue Häusermeer im Tal hinunterblickten, hatten deshalb für die Stadt nur ein verächtliches »Ruß-Chemnitz« übrig. Von dem einstigen »sächsischen Manchester« ist kaum etwas geblieben. Seit 1990 trägt die Stadt wieder ihren alten Namen. Per Votum legten die Einwohner das 1953 verordnete »Karl-Marx-Stadt« wieder ab. Geblieben ist nach ihrem Willen der »Nischel«, jenes überlebensgroße Monument des Sozialisten Karl Marx, dessen Gesicht in bronzener Schwere auf den Betrachter herabblickt. Daran haben sich die Chemnitzer im Laufe der Jahre gewöhnt.

links: Der »Versteinerte Wald« ist ein Wahrzeichen von Chemnitz, das weit in frühere Zeiten zurückreicht. *rechts*: Chemnitz, die alte Arbeiterstadt, ringt um eine neue Identität. Als »Tor zum Erzgebirge« werden die Wurzeln aufgezeigt. Trotzig bekennen sich die Chemnitzer zu ihrem »Nischel«.

Mit dem Niedergang des Silberbergbaus zog Armut im Erzgebirge ein. Aus der Not entwickelte sich eine ganz eigene Volkskunst. Weihnachtsberge, geschnitzte Engel oder lichttragende Bergmänner und vor allem kunstvoll gedrechselte Pyramiden wurden bald weltberühmt.

Die Seiffener Kirche ist das erzgebirgische Weihnachtssymbol schlechthin. Beeindruckend ist die nächtliche Christmette. Die kleine barocke Dorfkirche ist ein hier häufig anzutreffender Zentralbau.

Symphonie in Stein: Neben den reichen Schätzen im Inneren des Erzgebirges ist manch eigenartiges Steingebilde hervorgetreten. Der mächtige Basaltstock des Scheibenberges, die bizarren Granitfelsen der Greifensteine oder der beeindruckende Basaltfächer auf dem Hirtstein.

Der Frohnauer Hammer bei Annaberg ist Sachsens berühmtestes technisches Denkmal. Von 1657–1904 war das Hammerwerk in Betrieb. Heute wird es als Schauanlage dem staunenden Besucher vorgeführt.

Keine Stadt des Erzgebirges war so stark mit dem Silber verbunden wie Freiberg. Entsprechend glanzvoll verlief seine Entwicklung. Der Freiberger Dom ist die bekannteste spätgotische Hallenkirche Sachsens. Hier befinden sich auch die Goldene Pforte und die Tulpenkanzel sowie Gottfried Silbermanns erste Orgel.

Die spätgotische Kirche von Großrückerswalde ist eine der wenigen erhaltenen Wehrgangskirchen des Erzgebirges. Ihre Bezeichnung erhielt sie vom auskragenden hölzernen Wehrgang, der Verteidigungszwecken diente.

Die Annenkirche von Annaberg ist die größte der sächsischen Hallenkirchen. Die Raumwirkung der Gewölbe mit ihren geschwungenen Rippen und der reichen Figuration ist beeindruckend. Vieles der Innenausstattung hat engen Bezug zum Bergmannsleben. Eindrucksvoll ist das schlichte Steinportal.

oben: Wolkenstein, eine der ältesten Siedlungen des Erzgebirges, war eng mit dem Bergbau verbunden. Sehenswert sind der Stadtkern und das Schloss hoch über der Zschopau.
unten: Die Saigerhütte in Olbernhau-Grünthal entstand 1537 zur Verarbeitung von Silber und Kupfer. Heute ist sie eine interessante Schauanlage.

Vogtland

Die Blüte im Verborgenen

Wo genau liegt das Vogtland? Die Frage kann selbst mancher Kenner Sachsens nicht spontan beantworten. Denn sie kann historisch, geographisch oder geologisch gemeint sein. Das Vogtland liegt im Südwesten Sachsens beiderseits der oberen Weißen Elster, aber es reicht bis nach Thüringen und Oberfranken hinein. Und auch das benachbarte Tschechien hat ein bisschen vom Vogtland abbekommen.

Die Region wird oft vergessen oder – und das trifft die Vogtländer besonders hart – dem Erzgebirge zugeschlagen. Spannende Geschichte hat sie allerdings ebenso wenig zu bieten wie historisch bedeutende Namen. Lediglich einige Reichsvögte verwalteten auf Anordnung des deutschen Kaisers diesen Landstrich ganze zwei Jahrhunderte. Die Herren zu Weida, Plauen und Gera gaben ihm ihren Namen. Das »Land der Vögte« lohnt dennoch näherer Betrachtung.

Im Vogtland klingen die Täler, heißt es. Zugegeben, eine etwas übertriebene Behauptung. Aber im sogenannten Musikwinkel werden seit über 300 Jahren Instrumente gebaut. Im Musikinstrumentenmuseum von Markneukirchen sind über 1000 verschiedene Stücke ausgestellt. Neben wahren Meisterwerken auch Kuriositäten wie die in einen Spazierstock eingebaute Stockgeige oder das 1,9 m hohe Riesenpiano-Akkordeon, das von sechs Artisten der englischen Gruppe Doorley gleichzeitig gespielt wurde.

Instrumente aus Markneukirchen erklingen in allen großen Orchestersälen auf der ganzen Welt. Klingenthal steht vor allem für die Herstellung von Mundharmonikas, seit Johann Wilhelm Glier 1829 von einer Reise eine sogenannte Mund-Äoline mitbrachte, die eigentlich zum Klavierstimmen gedacht ist und wenig später nachgebaut wurde.

Weiter südlich im Vogtland sprudeln die Mineralquellen. In den Staatsbädern Bad Elster und Bad Brambach genossen schon die sächsischen Könige das heilende Wasser. Johann Wolfgang von Goethe verführte der Trank gar zu dem Ausruf: »Herrliche Wasser – säuerlich war's und erquicklich, gesund zu trinken für den Menschen«. Danach entwickelte sich der Kurbetrieb und zu DDR-Zeiten wurden die Kurgäste in Massen abgefertigt. Jetzt geht es im Bäderwinkel wieder ruhiger zu, sehr zum Vorteil der heutigen Gäste. Sie genießen die Bäderarchitektur aus der Gründerzeit oder machen sich auf zu einer Wanderung ins Elstergebirge.

Wer von Dresden oder Leipzig aus mit dem Zug ins Vogtland fährt, der rollt über »das achte Weltwunder«. So bezeichnen die Einheimischen stolz die viergeschossige Göltzschtalbrücke. Sie ist die größte Ziegelsteinbrücke der Welt. 26 021 000 Steine wurden laut amtlichen Unterlagen vermauert nach den Berechnungen des Vogtländers Andreas Schubert. Jenem Mann, der auch die erste deutsche Dampflokomotive, die Saxonia gebaut hat. Die Brücke wird heute noch voll genutzt. Ebenso wie die kleinere Elstertalbrücke, die die steilen Hänge der Vogtländischen Schweiz überspannt. Beide verbinden Sachsen, Böhmen und Bayern.

Das Vogtland hat noch mehr zu bieten: Die Stadt Plauen lockt mit ihren berühmten Spitzen, Reichenbach verweist auf die Theaterprinzipalin Caroline Neuber. Dann gibt es den Topasfelsen Schneckenstein, die Stauseen, die Wälder, die Folklore, das Wernesgrüner Bier – und natürlich die Stadt Zwickau. Hier wurde der Komponist Robert Schumann geboren; und aus diesem Ort stammt der Trabant – jenes kleine Auto, das die Besitzer liebevoll »Rennpappe« tauften und auf das sie zu DDR-Zeiten so stolz waren.

oben: Die Göltzschtalbrücke wurde in den Jahren 1846–1851 vom berühmten Andreas Schubert gebaut. Die größte Ziegelbrücke der Welt war eine technische Meisterleistung.
links: Das alte Fabrikgebäude bei Reichenbach ist typisch für die Bauweise der weitverbreiteten Textilindustrie im Vogtland.
rechts: Die Kaiserburg (12. Jahrhundert) im kleinen Städtchen Mylau hatte als Grenzburg zum nahen Böhmen von Anfang an eine herausgehobene strategische Bedeutung.

Im tiefsten Vogtland, im äußersten Grenzzipfel befindet sich im kleinen Flecken Landwüst ein sehenswertes liebevoll eingerichtetes Bauernmuseum.
Seite 62: Vom Auersberg hat man einen weiten Blick über das flach abfallende Erzgebirge und das Vogtland. Waldreichtum und Abgeschiedenheit prägten früher maßgeblich Land und Leute.

links: In Plauen spielt seit jeher das Textilgewerbe eine wichtige Rolle (Plauener Spitzen). Die Stadt leidet noch heute unter der verheerenden Zerstörung im Zweiten Weltkrieg. Sehenswert ist das alte Rathaus. *oben und unten*: In Bad Elster begann 1848 im königlichen Bad der Badebetrieb, 1890 kamen schon mehr als 5000 Patienten, um die Heilwirkung der Quellen zu erproben.

Seit dem 17. Jahrhundert baut man Geigen im heute sogenannten Vogtländischen Musikwinkel. Die Musikalität der Vogtländer ist sprichwörtlich. Es ist beeindruckend einem Geigenbauer bei der Arbeit zuzuschauen.

Die stolze Bürgerfigur am Dom und das Gewandhaus erinnern an die einst wirtschaftlich guten Tuchmacherzeiten von Zwickau. Später prägte der Steinkohlebergbau die Stadt. In Zwickau wurde der legendäre Trabant gebaut.
rechts: Die berühmte Tropfsteinhöhle von Syrau wurde 1928 zugänglich gemacht und bietet in zwei Stockwerken einen faszinierenden Einblick in die Welt der Stalaktiten und Stalagmiten.

JOHANN
SEBASTIAN
BACH

Leipzig und Umgebung
Die Stadt im Aufbruch

In Leipzig muss man wenigstens einmal mit der Eisenbahn ankommen, um die besondere Atmosphäre des Bahnhofs zu erleben. Der Zug hält auf einem der 26 Gleise, die fast alle nebeneinander vor dem Quergebäude enden. Die Bahnhofshalle gleicht einem Kirchenschiff. Lärm und Schmutz scheint es hier nicht zu geben. Leipzigs Hauptbahnhof ist einer der größten und schönsten Europas. Hinter dem Querbahnsteig führen breite Freitreppen zu den Empfangshallen mit Geschäften, Schaltern, Lokalen und Wartesälen. Alles ist in doppelter Ausführung zu finden, denn hier gab es einst einen sächsischen und einen preußischen Teil. Es wurde streng getrennt! Die geschäftige Atmosphäre wird noch vom Baugeschehen dominiert, aus dem eleganten Bahnhof der Jahrhundertwende wird ein Einkaufs- und Dienstleistungszentrum mit Gleisanschluss – sehr zum Ärger einiger Leipziger.

Der Übergang in die Stadt ist fast nahtlos. Wenn man den Bahnhof verlässt, ist man sofort mittendrin im überschaubaren Altstadtkern. In großen Lettern prangt jener berühmt gewordene Ausspruch »Mein Leipzig lob ich mir!« aus Johann Wolfgang von Goethes »Faust« vom Dach eines Hauses. Gefallen ist er in der bekannten Zecher-Szene in »Auerbachs Keller«. Goethe hat den Weinkeller in der Mädlerpassage in der Innenstadt weltberühmt gemacht. »Mein Leipzig lob ich mir« – wurde zum Leitspruch der selbstbewussten Bürger bis heute und seit der Wende wieder ganz besonders.

Leipzig galt jahrhundertelang als die erste Messestadt in Europa. Der Handel gab durch alle Epochen hindurch Impulse für die Entwicklung der Stadt. Kaufmannsgeist und Weltgewandheit schufen die Grundlagen für ein fortschrittliches Klima. Musiker wie Bach oder Mendelssohn-Bartholdy legten die Wurzeln der musikalischen Traditionen, Schriftsteller wie Goethe, Lessing oder Klopstock studierten an der altehrwürdigen Universität. – Und es waren die Leipziger, die als erste »Wir sind das Volk!« riefen und mit ihren Montagsdemonstrationen 1989 auf friedliche Weise die Wende einleiteten.

Die rasende Geschwindigkeit des Wandels in Leipzig ist atemberaubend. Am Marktplatz mit seinem historischen Alten Rathaus glänzen die bereits fertig gestellten Häuser in der Sonne. Der Hals tut weh, weil man den Blick immerzu nach oben richtet: auf die Giebel, Simse und Erker mit ihren Verzierungen aus Farbe, Stuck, Keramik und Gold. Daneben stehen noch die Fassaden ehemaliger Bürgerhäuser als Gerippe. Auch sie werden mit großer Sorgfalt rekonstruiert.

Gleich nebenan bietet die »alte Bartheln« in einem der idyllischen Innenhöfe – völlig unbeeindruckt vom Baulärm – frischen Blechkuchen und ein »Schälchen Heeßen« an. Für den Kaffee, das Lieblingsgetränk der Sachsen, und den geliebten saftigen Kuchen wirbt eine Tafel vor dem »Barthels Hof«. Nach 15-jähriger Schließung und zweijähriger unermüdlicher Mühe hat ein junger Leipziger das 500-jährige Traditionslokal wieder eröffnet. Hier soll auch schon der junge Goethe mit seinen Studienkollegen fröhliche Gelage veranstaltet haben. Das Lokal liegt in jenem Labyrinth aus Messepalästen, Handelshäusern, Gängen und Galerien, das zur Jahrhundertwende erbaut und nun mit unglaublichem Aufwand rekonstruiert wird. Das berühmte Messehaus Specks Hof ist eines der faszinierenden Ergebnisse. An einem der Ausgänge steht die Nikolaikirche. Jener historische Ort, an dem sich die Leipziger in den stürmischen Tagen von 1989 versammelten und wo sie für ihren Zorn und ihre Wünsche offene Ohren fanden.

Kulturhistorisch bedeutend ist die Thomaskirche, die musikalische Heimat des Thomanerchors. Hier trat Johann Sebastian Bach 1723 die Stelle des Thomaskantors an, die er bis kurz vor seinem Tod im Jahr 1750 ausfüllte. In dieser Zeit entwickelte sich die Stadt durch Literatur und Theater zu einem regen Zentrum der Aufklärung. Außerdem erblühte Leipzig zur führenden Handelsstadt, deren Bedeutung weit über Mitteldeutschland hinausreichte. Das ist kein Zufall. Die Stadt entstand an der Kreuzung zweier bedeutender alter Handelswege, und zwar der Via Regia und der Via Imperii, die von Dänemark nach Italien und von Russland nach Frankreich führten. Hier trafen sich schon im 12. Jahrhundert Händler aus allen Himmelsrichtungen. 1497 erhob Kaiser Maximilian die ersten drei Jahrmärkte zur »Reichsmesse«. 1895 fand die erste Mustermesse statt. Über 50 Messehäuser prägten das Stadtbild. Zu DDR-Zeiten war Leipzig als Messestadt konkurrenzlos, verlor jedoch nach der Einheit ihre Bedeutung. Der 800-jährigen Messegeschichte drohte ein jähes Ende. Doch im Norden entstand auf der grünen Wiese ein neues, das wohl modernste Messezentrum Europas. Es ist ein gigantisches Bauwerk aus Glas, Stahl und Beton. Damit will Leipzig seinen alten Ruf als Handelsstadt von internationalem Rang wieder erlangen.

Die Leipziger krempeln die Arme hoch, um ihren Zielen näher zu kommen. So soll aus den einstigen Anlagen der Kohletagebaue vor den Toren der Stadt eine ganze Seenplatte wachsen. Noch klaffen in Leipzigs Umgebung riesige Krater in der Erde. Im Süden erreicht die Mondlandschaft sogar den Stadtrand. Leipzig selbst steht auch auf guter Braunkohle, doch die bleibt unangetastet. 150 Jahre Braunkohleabbau hat viele Spuren hinterlassen. Auenwälder sind verschwunden, Dörfer mussten weichen. Die Tagebaue haben weiße Löcher in die Landkarte gegraben, aus denen jetzt Gewässer werden können. In dieser Region fördern die Schaufelradbagger nur im Tagebau Zwenkau noch Kohle. Von einst 55 000 Beschäftigten des mitteldeutschen Braunkohlekombinates, das weit bis nach Sachsen-Anhalt hineinreichte, sind noch 3000 geblieben. Mit viel Aufwand wird nun das einstige Industriegebiet in eine Naherholungslandschaft umgewandelt.

Renaturierung heißt das Zauberwort für das größte Umweltprojekt in Deutschland. Halden werden begradigt, Böschungen bepflanzt und zum Schluss wird die Grube geflutet. So wie es am Kulkwitzer See im Westen Leipzigs bereits vor Jahren geschehen ist.

Aber Leipzigs Umgebung hat noch mehr zu bieten: Nur ein Katzensprung ist es bis zur Dübener Heide. In dem großen Waldgebiet kann man stundenlang wandern, ohne eine Menschenseele zu treffen.

Wer Leipzig in östlicher Richtung verlässt, der kommt recht schnell in die Auenlandschaft der Mulde. Hier scheinen die Uhren noch langsamer zu gehen. Baumalleen säumen die schmalen buckligen Straßen und machen das Netz der Wege weithin sichtbar. Dazwischen ragen die kleinen Kirchtürme der Heidedörfer hervor, umrahmt von roten und schwarzen Dächern der Häuser. Gleich hinterm Dorf pflügt ein Bauer mit Pferdegespann sein Feld. Es reicht bis zum Waldrand, wo sich Nadelgehölze und Laubbäume mischen.

Im Westen liegt das fruchtbare Kohrener Land. Im Städtchen Kohren-Sahlis erinnert vieles an die alte Tradition des Töpferhandwerkes. Aber lediglich zwei der einst 14 Werkstätten stellen die gelbbraune und blauweiß dekorierte Keramik noch her. Am Sonntag nach Himmelfahrt kommen die Kauflustigen aus allen Himmelsrichtungen zum Topf- und Krügemarkt. Solch ein Gewimmel möchte die korpulente »Toppfrau« auf dem Töpferbrunnen, die ihre Waren anbietet, gern öfter sehen.

Keine Stadt Sachsens hat den Mief der DDR-Zeit so schnell hinter sich gelassen wie Leipzig.
oben: Die rasante Entwicklung wird deutlich an der imponierenden Bautätigkeit am Augustusplatz.
unten: Durchblick zum Universitätshochhaus.
Seite 70: Johann Sebastian Bach, der große Thomaskantor, hat 27 Jahre in Leipzig gelebt und gewirkt. Das Denkmal steht vor seiner Wirkungsstätte, der Thomaskirche.

PARKPLATZ
2 DM PRO STD.
HIER
messehaus
am markt

BLUME 2000
BLUME 2000

Die Braunkohlengruben haben sich bis dicht an Leipzig herangefressen. Langsam wird begonnen, die ausgelaugten Böden zu rekultivieren und zum Teil zu Naherholungsgebieten umzugestalten.
vorhergehende Doppelseite: Der Blick vom Turm der Thomaskirche geht vom Universitätshochhaus hinüber zur legendären Nikolaikirche, in der 1989 die Montagsgebete zum Ausgangspunkt für den Ruf »Wir sind das Volk« wurden.

Das kleine Moorbad Bad Düben ist ein idealer Ausgangspunkt für den Naturpark Dübener Heide. Herrliche Buchen- und Kiefernwälder mit seltenen Pflanzen und Tieren sind ein Geheimtip für Naturfreunde.

In Oschatz befand sich für die historische Eisenbahnstrecke, auf der die erste deutsche Lokomotive, die berühmte Saxonia, in Betrieb ging, eine Hauptstation für Maschinenwechsel.
Hinter dem renovierten Rathaus ragt die Stadtkirche hervor.

Wurzen – die mehr als 1000 Jahre alte Stadt an der Mulde – liegt an der historischen Eisenbahnstrecke Leipzig–Dresden, die 1839 eröffnet wurde.

Im Kohrener Land mit seiner ganz eigenen Prägung gibt es viel Geheimnisvolles zu entdecken, z. B. den prächtigen Vierseithof in Frauendorf.

Wer auf dem Weg nach Leipzig kurz vor Borna die B 95 verlässt, trifft im Kohrener Land auf einen Landstrich, wo Natur und Geschichte und Kultur in beeindruckender Ursprünglichkeit erlebbar sind.

Burgenland
Die Auferstehung des Mittelalters

Hoch über den Flüssen Zschopau und Mulde liegen die ältesten Burgen Sachsens. Die einstigen Bischofssitze oder Adelsresidenzen überwachen auf ihren Felsenplateaus weithin sichtbar die Landschaft. An den Ufern der Flüsse und in den Heidewäldern erzählen Schlösser, Parks und Klöster vom Leben der alten Geschlechter.
Furchteinflößend wirken die fast 1000 Jahre alten Ritterburgen. Mächtig, uneinnehmbar und wildromantisch liegen sie da. Im Inneren lebt die Erinnerung an jene Vorfahren, die hier ein halbes Jahrtausend vor uns gewohnt haben. Auf solche Burgen trifft man in Mittelsachsen häufig. Sie versuchen sich gegenseitig an Schönheit und Stolz zu überbieten.
Egal ob man nun auf Kriebstein, Gnandstein oder im Schloss Weesenstein im Müglitztal die Spuren aufnimmt, überall herrscht Leben in den alten Gemäuern. Aus der Schlossküche duftet es nach mittelalterlichen Speisen. Der Spießbraten mit Weinberglauch wird an reich gedeckten Tafeln verspeist – mit Holzlöffel und Messer oder einfach mit den Fingern. Der Honigwein aus dem Trinkhorn fließt nicht zu knapp. Während des feucht-fröhlichen Gelages erzählt ein Minnesänger im Schein des knisternden Kamins und der Fackeln an der Wand die Geschichte einer Jungfrau, die um ihren toten Liebsten weint.
Ab und zu werden die Burgen und Schlösser durch Ritterspiele wieder zum Leben erweckt. Spielleute und Gaukler, Scharlatane und Unholde, Marktweiber und Ritter sorgen dann für ein lebhaftes Getümmel in den alten Mauern und Türmen. Die Bräuche und Traditionen des Mittelalters werden in unserer postmodernen Zeit intensiv gepflegt. Dabei hat jede Burg ihre Besonderheiten aufzuweisen. Kriebstein mit dem mächtigen Wohnturm ist eine der besterhaltenen mittelalterlichen Burgen in Deutschland. Faszinierend sind hier vor allem die aus alter Zeit stammenden Wandmalereien. Und die Burg birgt wahrscheinlich noch so manches Geheimnis! Erst unlängst fanden Forscher vergoldete Kandelaber, Schmuck und einen Gobelin in einem vermauerten Kamin.
Schloss Weesenstein steht auf einem Fundament aus funkelndem, milchweißen Quarz. Es ist ein verrücktes Bauwerk. Pferdeställe und Kellergewölbe liegen im fünften Geschoss, der Festsaal zwei Etagen tiefer. Die Baupläne wechselten auf Weesenstein so häufig wie die Besitzer! Daher finden sich architektonische Elemente von der Gotik bis zum Klassizismus.
Auf der Burg Gnandstein aus dem 12. Jahrhundert dagegen hielten es die Burgherren lange aus. Sie war über 500 Jahre im Besitz der Familie von Einsiedel.
Knapp 1000 Burgen, Schlösser, Palais und Herrensitze aus allen geschichtlichen Epochen wetteifern in Sachsen um die Gunst der Besucher. Etwa ein Zehntel davon gehört dem Freistaat. Der entließ 18 Bauwerke, darunter die Beschriebenen, in einem bundesweit einzigartigen Modell 1993 in die »relative Selbstständigkeit«. Mit Unterstützung der neuen Sächsischen Schlösserverwaltung muss der laufende Unterhalt zunehmend selbst verdient werden. Das heißt, die Kosten für Personal, Energie und für die Restaurierung von Kunstgegenständen soll erwirtschaftet werden. Keine leichte Aufgabe, aber eine Möglichkeit, das einzelne Bauwerk ganz individuell nach eigenen Ideen zu präsentieren. Deshalb inszenieren die modernen Burgherren zur Erhaltung der historischen Burgen Ritterspiele, historische Märkte, Konzerte und Ausstellungen für die Besucher.

Weesenstein – auf dem Bergsporn im Müglitztal gelegen. Das unverwechselbare Schloss erlebt nach bewegter Geschichte heute eine glanzvolle Renaissance: Es ist historisches Bauwerk, Museum, Kulisse für Ritterspiele, hat eine eigene Brauerei und bald ein richtiges Theater, dessen Prinzipal, der Schauspieler Rolf Hoppe, schon seit Jahren begeisternde Lesungen am Kamin zelebriert (*Seiten* 85 *und* 86).
Seite 82: Klosterruine Nimbschen – berühmt wurde dieses einstige Klostergemäuer durch die spektakuläre Flucht der Katerina von Bora, der späteren Frau Martin Luthers.

Stiftskirche Wechselburg – die Romanik hinterließ in Mittelsachsen eines der großartigsten Bauwerke der Epoche. Beachtenswert sind vor allem der Lettner und das Triumpfkreuz.
nachfolgende Doppelseite: Die 1000-jährige Stadt Rochlitz an der Zwickauer Mulde ist durch ihre Türme weithin sichtbar. Der rote Porphyr, der hier gebrochen wird, ist als sächsischer Marmor berühmt.

Über dem Städtchen Leisnig an der Freiberger Mulde beherrscht die Burg Mildenstein das Bild. Ein Kuriosum ist hier zu besichtigen: der größte Stulpenstiefel der Welt, er ist 3,7 m hoch.

In Liebstadt im Seydewitztal steht das von den großen Besucherströmen vergessene Schloss Kuckuckstein, dessen berühmte 1800 eingerichtete Loge heute Freimaurer aus aller Welt anzieht.

In dem weithin leuchtenden Prachtbau des Nossener Schlosses befindet sich ein interessantes Museum zur Amtsgeschichte Sachsens.
links: Burg und Stadt Schwarzenberg liegen auf einem hohen Bergsporn im Erzgebirge. In der Oberburg befindet sich ein interessantes Museum zum erzgebirgischen Eisen und Zinn.

Im Neißetal bei Ostritz beherrscht die weiträumige Barockanlage des Zisterzienserklosters Marienthal das Bild. Selbst zu DDR-Zeiten diente das Nonnenkloster noch seinem ursprünglichen Zweck.

Touristische Informationen

Für Informationen und Anregungen sthen Ihnen folgende Tourist-Informationen und Fremdenverkehrsämter gerne zur Verfügung:

Kamenz-Information
Pulsnitzer Straße 11 (im Gebäude des Stadttheaters)
01917 Kamenz
Tel: 03578/379205
Fax: 03578/379291
E-Mail:kamenzinformation@kamenz.de

Tourismusbüro Kromlau
Halbendorfer Str. 6
02953 Gablenz/OT Kromlau
Tel: 03576/222828
Fax: 03576/212744
E-Mail:kromlau-tourist@t-online.de

Tourist-Information Löbau
Altmarkt 1
02708 Löbau
Tel: 03585/450140
Fax: 03585/450141
E-Mail:tourist-info@svloebau.de

Tourist-Information Radebeul
Meißner Str. 152
01445 Radebeul
Tel: 0351/8954120
Fax: 0351/8954122
E-Mail:tourismus@radebeul.de

Tourist-Information Schwarzenberg
Oberes Tor 5
08340 Schwarzenberg
Tel: 03774/22540
Fax: 03774/20258
E-Mail:
touristinformation@schwarzenberg.de

Tourist-Information Seiffen
Hauptstr. 95
09548 Seiffen
Tel: 037362/8438
Fax: 037362/76715
E-Mail:info@seiffen.de

TIC-Torgau-Informations-Center
Markt 1
04860 Torgau
Tel: 03421/70140
Fax: 03421/701415
E-Mail:
info@tic-torgau.de

Tourist-Information Zittau
Markt 1
02763 Zittau
Tel: 03583/752137
Fax: 03583/752161
E-Mail:
tourist-info@zittau.de

Sonderausgabe

Titelfoto: Jürgen Karpinski, Dresden. Eigentum und © Schloss Moritzburg
Kartenskizze Seite 4: Sebastian Schrank, München
Bildreproduktion: Simon Print Medien Service GmbH, Rosenheim
Druck und Bindung: Druckerei Theiss GmbH, St. Stefan im Lavanttal
Printed in Austria

ISBN 978-3-475-53931-2